Die
Geschichte der
zwölf Steine

Die Geschichte der zwölf Steine ist nicht neu. Sie wurde schon oft erzählt und in unterschiedliche Rahmenhandlungen gestellt.

Das Besondere in diesem Buch ist, dass exemplarisch zwölf Steine zwölf Lebensthemen abbilden und dazu anregen, über sich selbst und das, was im eigenen Leben wichtig ist, nachzudenken.

Die
Geschichte der
zwölf Steine

Über die Besinnung auf
das Wesentliche

Text: Christine Stecher

Fotografien: Annette Hempfling

Knaur
MensSana

Die
Geschichte der
zwölf Steine

In einem Flusstal lebte einst ein weiser Mann, zu dem viele Menschen pilgerten. Sie pflegten sich dann auf der Wiese vor seiner Hütte zu versammeln und darauf zu warten, dass er sich zeige und zu ihnen spreche.

Auch eines Morgens in der Sommerzeit war eine Gruppe von Männern und Frauen zu der Einsiedelei gekommen. Der Alte lächelte. Er freute sich über die Treue und Hingabe dieser Menschen. Er beschloss, sie etwas sehr Einfaches und zugleich sehr Wertvolles zu lehren.

Aus seiner Hütte holte er ein großes Gefäß und stellte es draußen auf einen Holzblock. Dann sammelte er nebenan im Feld zwölf faustgroße Steine und legte sie neben dem Gefäß bereit.

»Seht her«, rief er der Pilgerschar zu und begann mit geschickter Hand, einen Stein nach dem anderen in das Gefäß zu legen und es so bis an den Rand zu füllen. »Nun passt kein weiterer Stein hinein, nicht wahr?«, fragte der Weise, als er den letzten Stein obenauf plazierte.

Die Pilger nickten.

»Seid ihr sicher?«, fragte der Weise nach einem Moment des Schweigens. Er ergriff eine kleine Schaufel und nahm mit ihr Kieselsteine vom Weg auf. Langsam schüttete er die Kieselsteine in das Gefäß, wo sie zwischen den faustgroßen Steinen verschwanden.

Gemurmel erhob sich und erstarb sofort, als der Weise die Schaufel beiseitelegte und wieder das Wort an die Pilger richtete: »Nun erst ist das Gefäß voll, nicht wahr?«

Wieder nickten die Pilger, aber sie waren sich nicht mehr so sicher. Der Weise hatte nämlich die kleine Schaufel ein zweites Mal ergriffen.

»Vielleicht ist es noch gar nicht voll«, wandte jemand ein.

»Gut«, antwortete der Weise und nahm mit der Schaufel ein bisschen von dem Sand auf, den der Wind an die Hüttenwand geweht hatte. Bedächtig ließ er den Sand in das

Gefäß rieseln, wo er schnell die Lücken zwischen den faustgroßen Steinen und den kleineren Kieseln ausfüllte.

Dann wandte sich der Weise wieder an die Pilgerschar und
sprach: »Jetzt ist das Gefäß endlich voll, oder etwa
nicht?«

Die Menschen waren hin- und hergerissen.

Einerseits sah es so aus, als ob nichts mehr in das Gefäß
hineinpasste. Andererseits wussten sie, dass der Weise die
Kunst verstand, sie zu verblüffen und auf neue Gedanken
zu bringen. So trat eine der Frauen vor und antwortete:
»Ehrwürdiger Meister, voll ist's schon. Aber nur mit
Steinen und Sand. Vielleicht ist das noch nicht
alles.«

»Sehr richtig«, lobte der Weise und blickte freund-
lich in die Runde, »etwas kommt noch.« Er drehte
sich auf dem Absatz um, verschwand noch einmal in
der Hütte und kehrte mit einem Eimer zurück. Vorsichtig
ließ er daraus Wasser in das Gefäß mit den Steinen, den
Kieseln und dem Sand rinnen, bis sich die Flüssigkeit mit
den Sandkörnern vermischt hatte und jeder Zwischenraum
ausgefüllt war.

Als das Gefäß schließlich randvoll mit großen und kleinen Steinen und nassem Sand vor den Menschen stand, erhob der Weise die Stimme und fragte: »Wisst ihr auch, was ich euch mit diesem Experiment lehren will?«

»Dass immer noch etwas geht«, lautete eine schnelle Antwort aus der Menge. »Dass man sich immer bemühen kann, noch mehr aufzunehmen und unterzubringen, noch mehr zu schaffen.«

»O nein«, lächelte der Weise, »nicht noch mehr Bedrängnis und Tun, sondern die Gewichte richtig verteilen. Prioritäten setzen! Möge ein jeder klar entscheiden, was für ihn selbst wesentlich und von Bedeutung ist, und danach sein Leben ausrichten. Jeder von euch hat Herzensanliegen, das sind die faustgroßen Steine, die ihr hier sehen könnt. Ihr solltet ihre Wichtigkeit anerkennen und ihnen den obersten Rang einräumen. Das Große und Wichtige kommt zuerst. Dann erst folgen die anderen Belange des Lebens, die im Vergleich dazu nebensächlich sind – also die Kieselsteine und der Sand. Die Reihenfolge ist entscheidend. Würdet ihr euch zuerst mit den Nebensächlichkeiten abgeben, hättet ihr keinen Raum mehr für eure

großen Herzensanliegen und die Dinge, die für euch ein gutes Leben ausmachen. So überlegt gut, wie ihr das Gefäß – euren Tag, euer Jahr, euer Leben – füllen wollt. Was ist euch das Wichtigste?

Für jeden Menschen ist es etwas anderes, das Vorrang hat, aber es gibt zwölf Bereiche, die eure höchste Aufmerksamkeit verdienen:

- Liebe
- Lebensträume
- Gesundheit
- Familie
- Frieden
- Arbeit
- Freizeit
- Wissen
- Glaube
- Fülle
- Freiheit
- Freundschaft

Wählt noch etwas hinzu, das euch auf meiner Liste fehlt; tauscht etwas aus. Ihr allein bestimmt, was euch am Herzen liegt, und ihr allein setzt die Prioritäten. Vergeudet nicht eure Zeit und Kraft mit Nebensächlichkeiten. Lasst euch nicht davon abhalten, ein reiches, erfülltes Leben zu führen. Ihr mögt einmal im Jahr darüber nachdenken, wie ihr die Gewichte verteilen wollt – oder auch jeden Monat einem Herzensanliegen widmen und ihm besonderen Raum geben. Ich rate euch, abends vor dem Einschlafen die Gedanken zu ordnen und euch täglich darin zu üben, das Wichtige vom Unwichtigen zu trennen. Letztlich habt ihr die Macht, in jedem Augenblick eures Lebens frei zu entscheiden, worauf ihr eure Aufmerksamkeit lenken wollt. Ihr wisst selbst, was für euch wesentlich ist. Ihr selbst habt es in der Hand, glücklich und zufrieden zu sein.«

Der Weise hielt inne. Dann stellte er das Gefäß beiseite, nahm auf der Bank vor seiner Hütte Platz und begann, über die zwölf Steine, über die Dinge von Gewicht, zu sprechen …

Die
zwölf Steine
und ihre Botschaft

Liebe

Die Liebe birgt die größten Geheimnisse. Sie ist der Kern der Dinge, von elementarer Kraft und so allgegenwärtig, dass ihr sie leicht vergesst. Auch habt ihr oft Angst vor ihr und wollt sie nicht sehen. Denn die Liebe hat die Macht, euch zu berühren, zu verändern und aus der Tiefe heraus zu wandeln.

Die Liebe nimmt den größten Platz im Herzen ein, gebt ihr auch außen in eurem Leben Raum. Sie verbirgt sich gern in unscheinbarer, gar befremdlicher Gestalt. Denkt daran: Sie will entdeckt werden.

In der Liebe führen alle Wege wieder zusammen. Ihr kehrt zu ihr zurück, wie weit ihr euch von ihr auch entfernt haben mögt.

Lebensträume

Die Seele ist leicht wie ein Schmetterling, der anmutig seine Bahnen zieht und sich von Duft und Farbe anlocken lässt. Viele Träume beflügeln euch, viele Möglichkeiten sind euch gegeben, das Leben auszukosten und Freude zu erfahren.

Diese Träume und Wünsche an das Leben sind zart. Sie brauchen Aufmerksamkeit und Pflege. Schiebt sie nicht einfach beiseite, nur weil sie so fein gesponnen sind. Sie sind kostbar. Lasst sie funkeln und strahlen und ein Licht in euren Alltag werfen.

Die Gedanken eilen den Träumen hinterher. Sie halten sie fest und geben ihnen Gestalt. Träume weisen euch den Weg zum Glück.

Gesundheit

Euer größter Reichtum und Schatz ist euer Körper. Er schenkt eurer Seele Raum. Er trägt euch durch das Leben und zeigt euch alles, was ihr braucht.

Manches an ihm liebt ihr mehr als anderes. Ihr seid auch parteiisch, wenn ihr über Krankheit und Alter zu klagen beginnt. Doch erkennt, wie der Körper euch dient.

Perfekt ist nichts, was lebt, auch euer Körper ist es nicht. Trotzdem besitzt er Schönheit und Kraft. Dafür gebt ihm Zuwendung und Aufmerksamkeit. Seine Ecken und Kanten, seine hellen und dunklen Bereiche sind wie ein Buch, in dem ihr lesen könnt, um noch mehr über euch selbst zu erfahren.

Familie

Familie schenkt Geborgenheit und Sicherheit, Vertrauen und Vertrautsein, Nähe und Verbundenheit.

Familie zu haben ist schwer und leicht zugleich. Sie verankert euch im Leben, auf dass ihr hineinwachst in eure Freiheit.
Euren Platz darin könnt ihr nicht verleugnen. Bekennt euch zu eurer Familie und seid dankbar.

Wenn ihr geboren werdet, bekommt ihr Wurzeln, die wachsen und sich verflechten. Achtet sie; durch sie seid ihr gut mit der Erde verbunden.

Frieden

Frieden ist der Weg zu euch selbst. Mit sich im Reinen zu sein verlangt Hingabe und Achtsamkeit.

Eure Selbstsicherheit wird auf die Probe gestellt, bis echtes Gefühl sich zeigt und die Liebe in euch sich offenbaren darf. Dann könnt ihr vergeben und Frieden schließen mit dem Ungeliebten.

Erinnert euch jeden Tag daran, Frieden zu suchen und Ausgleich zu finden zwischen innen und außen, nah und fern, fremd und vertraut, Schwarz und Weiß.

Jeder Frieden beginnt in euch selbst.

Arbeit

Die Arbeit, die ihr tut, verdient Respekt und Aufmerksamkeit, so unbedeutend sie erscheinen mag. Sie stellt euch vor Entscheidungen und fordert euch täglich dazu heraus, eure Aufgabe zu erfüllen.

Euch bedrückt zuweilen die Arbeit, und ihr wollt sie von euch schieben. Aber würde euch dies nicht von etwas Wesentlichem trennen, durch das ihr Neues erfahrt und wachsen könnt?

Jeder möge nach seiner Berufung forschen und ihr auf seine Weise folgen.

Jeder möge seinen Beitrag leisten.

Seht euren Beitrag zum Wohl des Ganzen, den ihr mit eurer Arbeit leistet. Belohnt euch dafür.

Freizeit

Jedes Lächeln entspannt euch. Jedes Lachen bringt euch zurück zu euch selbst. Ihr seid Freude und verdient Glück.

Ihr braucht Zeit, um zu spielen, zu tanzen, euch zu vergnügen und in der Welt herumzustreifen. Ihr braucht freie Zeit, um Kraft zu schöpfen, euch neuen Ideen zu öffnen und immer wieder zu eurer Heiterkeit zurückzufinden.

Der Schwung, den ihr durch euer Lachen aufnehmt, trägt euch auch durch die schweren Tage. Die Pausen der Besinnung wecken Lebensfreude. Die Entspannung und das Spiel dienen eurem Bedürfnis, kreativ zu sein und etwas Gutes in die Welt zu bringen.

Wissen

Es gibt das Wissen, das in euch verborgen ist, und das Wissen, das ihr euch im Laufe des Lebens erwerbt. Weder das eine noch das andere ist euch von Nutzen, wenn ihr es nicht anwendet und mit den Erfahrungen, die euch begegnen, verknüpft.

Ihr wisst so viel. Eure Kenntnisse verdienen es, genutzt zu werden.

Erinnert euch an das bereits Gelernte und lernt noch hinzu. Durch eure Bereitschaft kommt ihr voran. Setzt eure Schwerpunkte.

Der Wunsch, zu lernen und sich zu bilden, verbindet euch mit klugen Menschen und erzeugt ein Umfeld, das euch zu neuen Lösungen verhilft.

Glaube

Jeder Tag birgt mehr, als ihr mit den Sinnen wahrnehmen könnt. Jeden Tag berühren sich Himmel und Erde.
Dem bloßen Verstand bleibt vieles unbegreiflich – was täglich geschieht an Wunder, an Heilung, an Entfaltung spiritueller Kraft.

Den Stein der Weisen werdet ihr nicht finden, um ihn in den Händen zu halten. Aber ihr findet in euch die Gewissheit, dass alles sich zum Besten fügt und der Himmel euch begleitet.
Alles ist in allem geborgen. Nichts fehlt oder geht verloren.

Schafft Raum für Vertrauen, dass ihr der Liebe würdig seid und sie euch stets umgibt.

Fülle

Seid stolz, Teil dieser wunderbaren Welt zu sein.
Der Boden, auf dem ihr steht, ist reich. Ihr selbst gehört zum Reichtum dieser Erde.

Euer Anteil ist nicht knapp bemessen. Allein die enge Vorstellung setzt euch Grenzen; sie verneint die Fülle und erzeugt den Mangel, den ihr spürt.
Gebt materieller Fülle ihren Platz, und lasst sie für euch arbeiten.

Zeigt eure Dankbarkeit.

Freiheit

Ein jeder erinnere sich täglich daran, dass er frei ist, jeden Weg zu nehmen. Die Gedanken sind frei; der Wille ist frei.

Diese Freiheit stößt an Grenzen, die nur scheinbar von außen errichtet sind. Aber das Äußere ist immer ein Spiegel des Inneren und umgekehrt. So erinnert euch täglich daran, dass euch die Freiheit geschenkt ist, euch alles vorzustellen und jeden Gedanken zu verfolgen.

Aus eurer Selbstverantwortung heraus ziehen Gedanken ihre Bahn und beweisen eure Freiheit.

Freundschaft

Diese Erde wird von vielen Lebewesen gemeinsam be-
wohnt. Sie ist die Heimat von Pflanzen, Tieren, Menschen und anderen lebendigen Formen, deren Existenz ihr
nicht gewohnt seid wahrzunehmen. Mit allen könnt ihr
Freundschaft schließen. Ihr gewinnt dadurch hinzu und
fühlt die Wärme von Unterstützung und Beistand, von Ver-
ständnis und Trost.

Die Erde lehrt euch Freundschaft. Ihre Steine verbinden
euch mit dem Besten, was ihr habt: der Liebe zum Leben.
Streckt die Hand aus, um gemeinsam den Weg zu be-
schreiten.

Eigene Prioritäten setzen

Die Geschichte der zwölf Steine vermittelt eine einfach zu verstehende, aber nicht immer einfach zu befolgende Weisheit: Besinne dich auf das für dich Wesentliche und setze danach im Alltag deine Prioritäten, dann wirst du ein erfülltes Leben genießen.

Wohl jeder von uns kann nicht oft genug daran erinnert werden, Herzensanliegen an die erste Stelle zu setzen, anstatt sie immer wieder aus den fadenscheinigsten Gründen beiseitezuschieben. Meist rauben uns Nebensächlichkeiten alle Kraft, oder fremde Vorstellungen und Meinungen überlagern die eigene Wahrheit. Wir werden aus Bequemlichkeit und Gedankenlosigkeit dazu verführt, diesen

Ablenkungen Gewicht zu verleihen und ihnen viel Zeit einzuräumen. Doch wenn wir das wirklich Wichtige vernachlässigen, geht uns unwiederbringlich etwas verloren. Zu lange zu warten, einem Menschen seine Liebe zu erklären, sich nicht die Zeit zu nehmen, den Kontakt zu Freunden zu pflegen, die Karriere über die Familie zu stellen oder es immer wieder zu versäumen, seinen Lebensträumen und seiner Berufung nachzugehen – all dies wird dazu führen, dass wir eines Tages mit Bedauern feststellen, Entscheidendes verpasst zu haben.

Die zwölf Steine symbolisieren beispielhaft Themen, die im Mittelpunkt des Lebens stehen können. Sie haben Gewicht und ziehen im Idealfall die größte Aufmerksamkeit auf sich. Jedes dieser Themen zeigt viele Aspekte, die sogleich von Ihnen ergänzt, spezifiziert und mit Namen versehen werden können:

Liebe: Selbstliebe, Liebesbeziehungen, Partnerschaft, Ehe,

Lebensträume: Wünsche, Ideen, Vorhaben, Projekte, die Zukunft,

Gesundheit: Wohlbefinden, Körperpflege, Nahrung für Körper und Geist,

Familie: Vorfahren, Eltern, Kinder, Tradition, Heimat,

Frieden: Vergebung, Ausgleich, Verständigung, Toleranz,

Arbeit: Engagement, Erfüllung, Berufung, Karriere, Erfolg, Kollegen,

Freizeit: Zeit für Ruhe, Entspannung, Anregung, Hobby,

Wissen: Bildung, Lernen, Entwicklung, Regsamkeit, Interesse,

Glaube: Urvertrauen, Rückverbindung, Spiritualität, Religion,

Fülle: Reichtum, Wohlstand, Geld, Daseinsfreude,

Freiheit: Selbstbestimmung, Selbstverantwortung, Lebensfreude, Mut,

Freundschaft: Zusammenleben, Verbundenheit, Verständ-
nis, Akzeptanz,

Es ist befreiend und gibt Kraft, sich immer wieder über die eigenen Werte und Anliegen klarzuwerden und sie sich im Alltag ins Bewusstsein zu rufen. Der Jahreswechsel ist ein guter Zeitpunkt, um Prioritäten zu bestimmen und konsequenterweise neue Strategien festzulegen; ebenso könnte es Ihr Geburtstag sein. Auch jeder Monatsbeginn bietet einen guten Rahmen für ein persönliches Ritual der inneren Werte, der Gewichtung von Zielen, der aktiven Lebensgestaltung. Oder Sie wählen den kalendarischen Frühlings-, Sommer-, Herbst- und Winterbeginn, um jede Jahreszeit unter Ihr persönliches Motto zu stellen.

Sicher hat das Buch Ihnen bereits genügend Anregungen vermittelt, selbst einmal grundlegende Ziele jeweils mit einem Stein zu verknüpfen und auf diese Weise eigene Themen zu benennen und zu gewichten. Es ist eine sehr wirkungsvolle Geste.
Erstellen Sie zunächst Ihre Prioritätenliste. Überlegen Sie, was in Ihrem Leben bisher immer zu kurz gekommen ist. Werden Sie sich darüber klar, was für Sie persönlich wirklich wichtig ist.

Machen Sie sich dann auf die Suche nach Steinen, die diese Themen am besten symbolisch wiedergeben. Jedes Anliegen hat für Sie einen besonderen Stellenwert, und der Stein, den Sie dafür aussuchen, wird durch seine Form, Farbe und Struktur für Sie die entsprechende Qualität besitzen. Suchen Sie sich wie in der Geschichte ein Gefäß – eine Schale, eine Glasvase –, um den oder die Steine gut sichtbar zu plazieren. Jeder Stein hilft, die Bedeutung von Herzensanliegen im Bewusstsein zu verankern und auch mit anderen über Herzensanliegen ins Gespräch zu kommen, sie mit ihnen zu teilen.

Die Steine werden Sie darin unterstützen, Ihre Ziele nicht aus den Augen zu verlieren und Ihrer eigenen Wahrheit, Ihrer persönlichen Werteskala treu zu bleiben.

Besuchen Sie uns im Internet: www.droemer-knaur.de
Alle Titel aus dem Bereich MensSana finden Sie im Internet
unter www.knaur-mens-sana.de

Originalausgabe 2009
© Knaur Verlag
Ein Unternehmen der Droemerschen Verlagsanstalt
Th. Knaur Nachf. GmbH & Co. KG, München
Alle Rechte vorbehalten. Das Werk darf – auch teilweise – nur
mit Genehmigung des Verlags wiedergegeben werden.
Lay-Out, Satz und Herstellung: Michaela Lichtblau
Reproduktion: Repro Ludwig, A-Zell am See
Druck und Bindung: Uhl, Radolfzell
Printed in Germany
ISBN 978-3-426-65642-6

2   4   5   3   1